Inventer le Pays
Christine Comeau

Copyright © 2017 Christine Comeau
Textes et dessins Christine Comeau

Publié aux Éditions Fri
www.editionsfri.com
Tous droits réservés
ISBN: 1988828007
ISBN-13: 978-1-988828008

À mon père

« Un désir d'outre-temps, d'outre-lieu,
dont l'expression
est aliénée sans doute, mais qui porte
néanmoins la trace
ténue d'un refus de l'ici et maintenant
tels qu'ils sont.
Pas vraiment une contestation, plus
qu'une diversion : une échappée. »

- Nicole Lapierre, Pensons Ailleurs

Préface

Inventer le pays est une invitation au périple, à la découverte du territoire, du terrain que l'on gagne, de celui que l'on perd. Un récit de dérives désinvoltes, de luttes, mais aussi de victoires.

C'est un recueil qui frappe et résonne parce qu'il transporte des mots infiniment simples et justes, longtemps polis. Des pages qui racontent presque 20 ans d'écrits qui chantent, claquent et résonnent. Des poésies vivantes nées de l'itinérance et de la quête de soi autant que de celle de l'autre.

Christine Comeau nous fait part de "ses prières d'infidèles", elle nous murmure des "promesses répétitives" et "des ivresses improvisées". Intimement liée à sa pratique en arts visuels, son écriture fait écho à des préoccupations identitaires. Le mouvement des vers rappelle aussi les chorégraphies de ses performances et de ses installations. Elle réfléchit l'exil, la contrainte qu'imposent les frontières physiques, mais aussi celles du cœur et de l'âme. Ces contraintes trop souvent engendrées par une vie nomade.

Toi qui amorces cette lecture plonges-y comme on plonge dans les vagues, dans une eau parfois tumultueuse et parfois lente. Quand tu feuilletteras cet ouvrage, se glisseront des pages une furieuse indocilité, des espaces venteux qui balayent l'esprit, de doux souvenirs du bout du monde et le souffle sans répit d'un éternel recommencement.

- Claude Chevalot

LIEUX DE PASSAGE

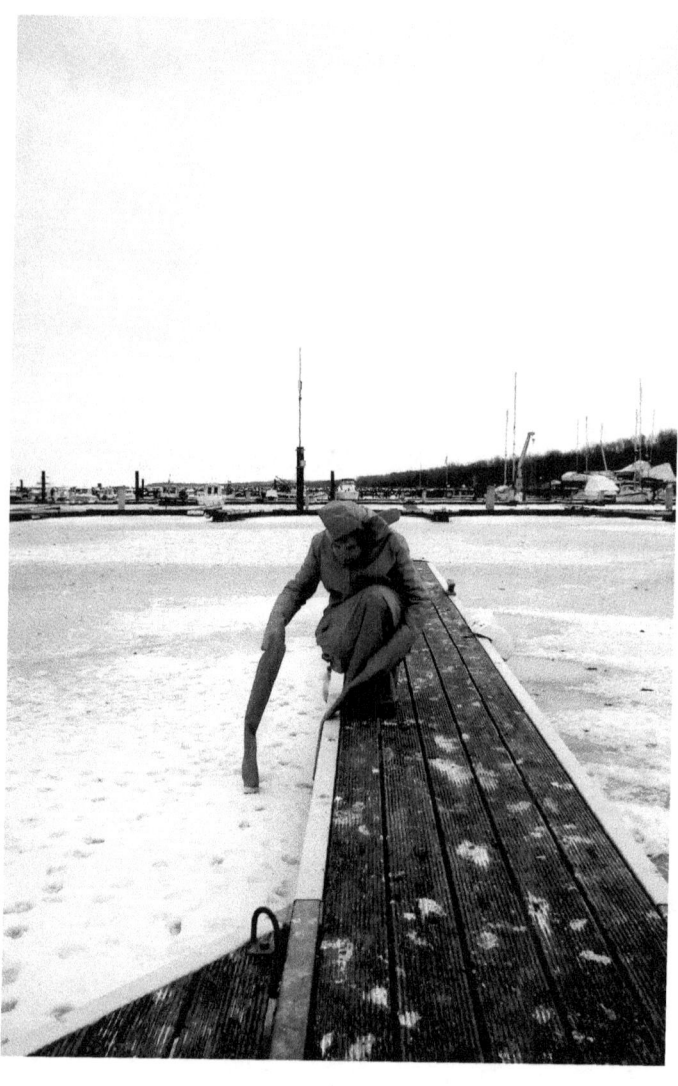

Ce soir je bois
solitaire en cette ville
poussière
je bois
m'inventant de nouveaux amours
et des passions futiles

Ce soir je bois
repansant une vie
viles tentations
je fige
dans les brumes denses de la ville
qui m'arrache des soupirs
de désir d'abandon

Je frôle les pôles
de sa folie audacieuse

Ce soir je bois
fuyant une nordicité morose

Des images se succèdent
dans ma tête de bête
des trompes l'œil
des visions de commencement
d'un monde

Urbanité de tous les maux
de toutes les angoisses
Je me perds
dans les ruelles sombres
de la cité
le cœur divisé

J'ai une capitale dans la tête
une ville vent figée dans la glace

Ce soir je bois

Ville vent
J'ai mal de toi

Je cache mes solitudes
pour te les offrir
en guise d'au revoir

INVENTER LE PAYS 2016·2017
INSTALLATION PERFORMANCE POÉTIQUE
5e dôme-vêtement

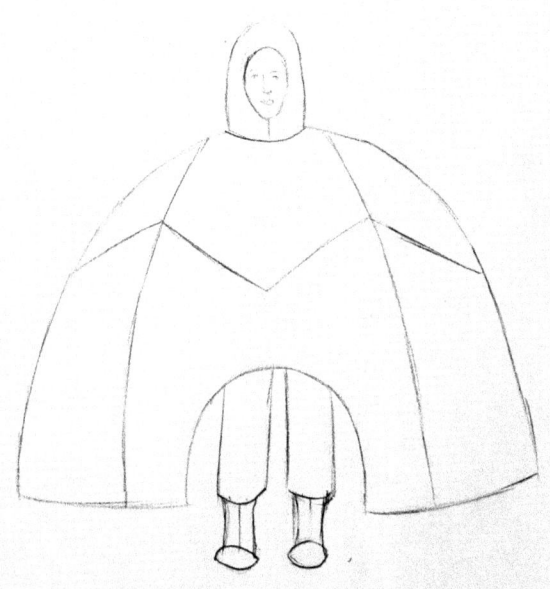

Ce soir je bois
solitaire
dans cette ville poussière
en ce présent austère
je bois
réinventant mes anciens amours
et quelques anciens clichés des
repères retrouvés repensés
réinterprétés

Des impressions brésiliennes
ressurgissent à l'improviste

je me refais témoin du monde
Créature parmi les créatures
présences éphémères
l'espèce humaine
dans toute sa langueur
et son oisiveté

Ce soir je bois
je repense le Brésil
ville soleil agonie
J'y fais l'éloge de la lenteur
et de la contemplation

Brésil de sang de chair
et de mystère
pour toi ce soir je bois
fugitive
créature parmi les créatures
l'espèce humaine
dans toute sa misère
et sa fragilité

Dômes – Igloos
parcours poétique

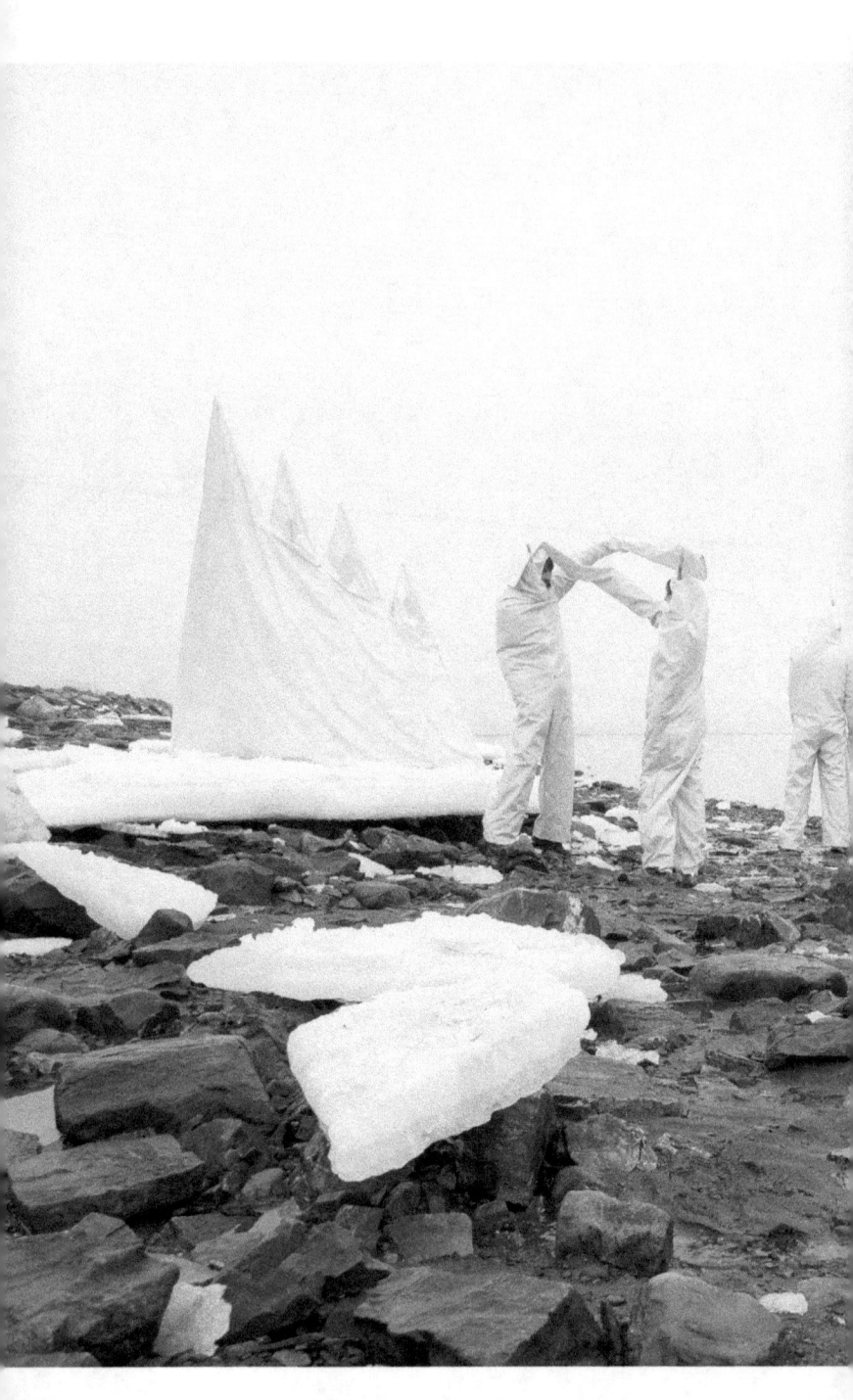

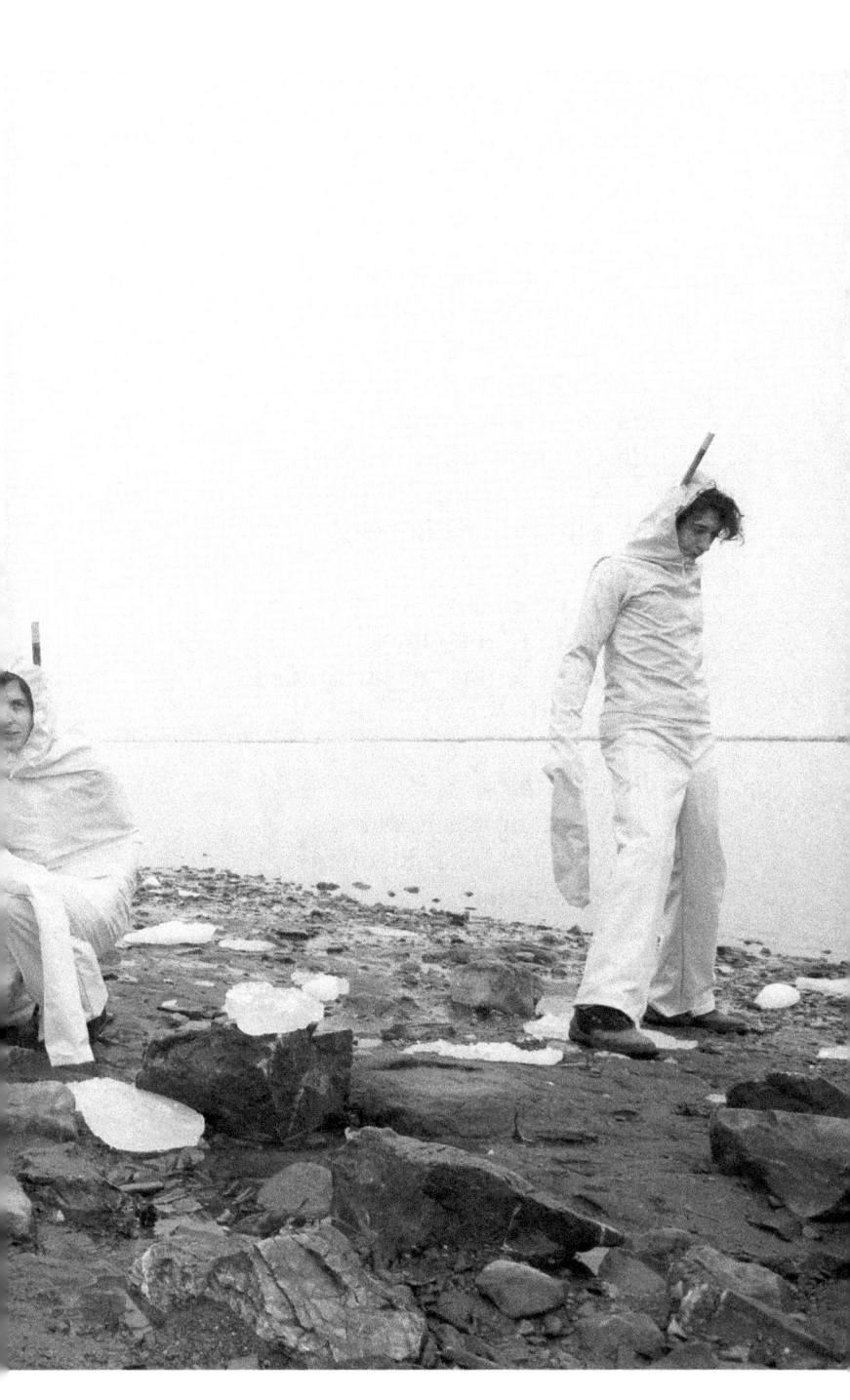

À l'autre bout du monde
j'ai des rêves d'abandon de soi
à la rencontre et aux langages
Göteborg tu as de ces tranquillités
qui me laissent seule
livrée à mes réflexions archaïques

La réinvention s'impose
à chaque fois
à chaque instant
de manque et d'ennui
à chaque tentative d'abandon
ou de fuite

Réinventer
ses fondations ses espoirs
ses conquêtes ses idéologies
et ses frontières
Je crois au perpétuel
renouvellement
de l'être de l'idée
mobile dans la mémoire
collective le perpétuel
renouvellement
du regard porté vers l'autre
vers la beauté méconnue
du monde et de ses singularités

Göteborg tu as de ces silences
qui me désynchronisent
tu me les offres sans cesse
ces silences fossiles
qui régissent mes crépuscules
et poussent mon amer imaginaire
à s'inventer des drames
des histoires de départs
dans des gares de train
où j'attends en vain Godot
et le père Goriot

Göteborg tu m'obliges à chanter
Brel
pour contrer tes silences
je me fais historienne de temps
perdus
et j'entends Proust me
questionner quelle est ta vertu
préférée ?

Göteborg la neutre la grise
la distante la nordique
je t'ai apprivoisée

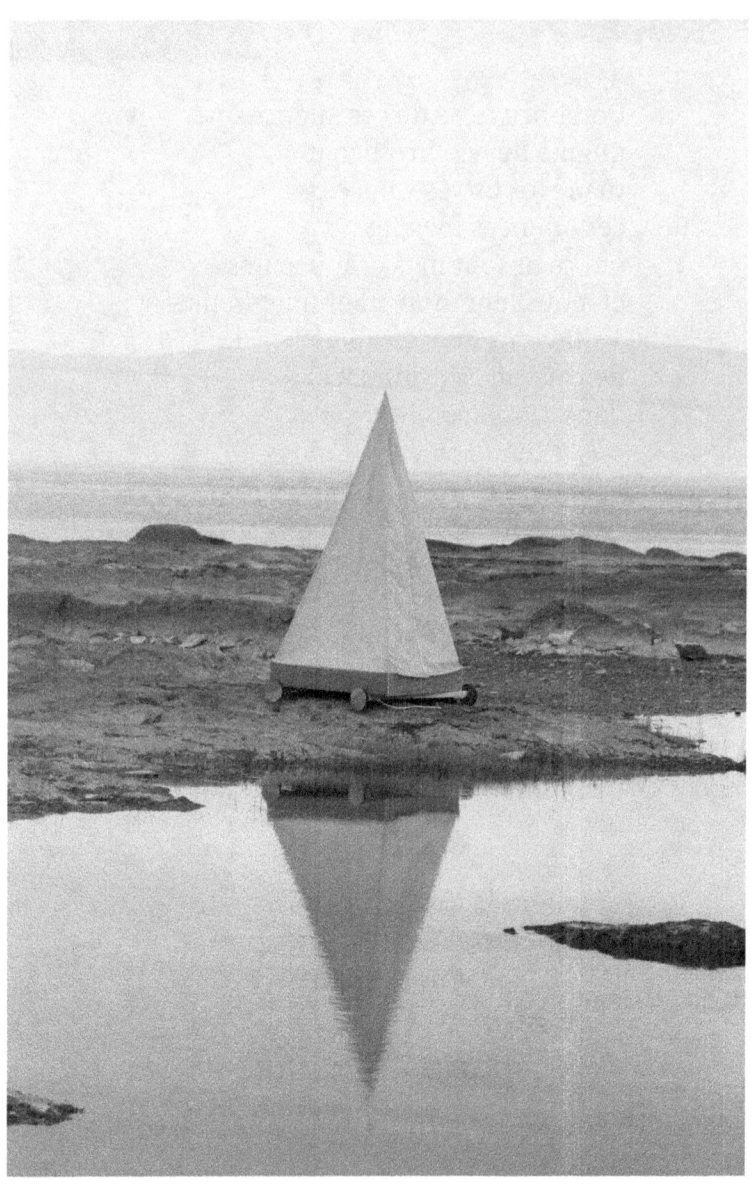

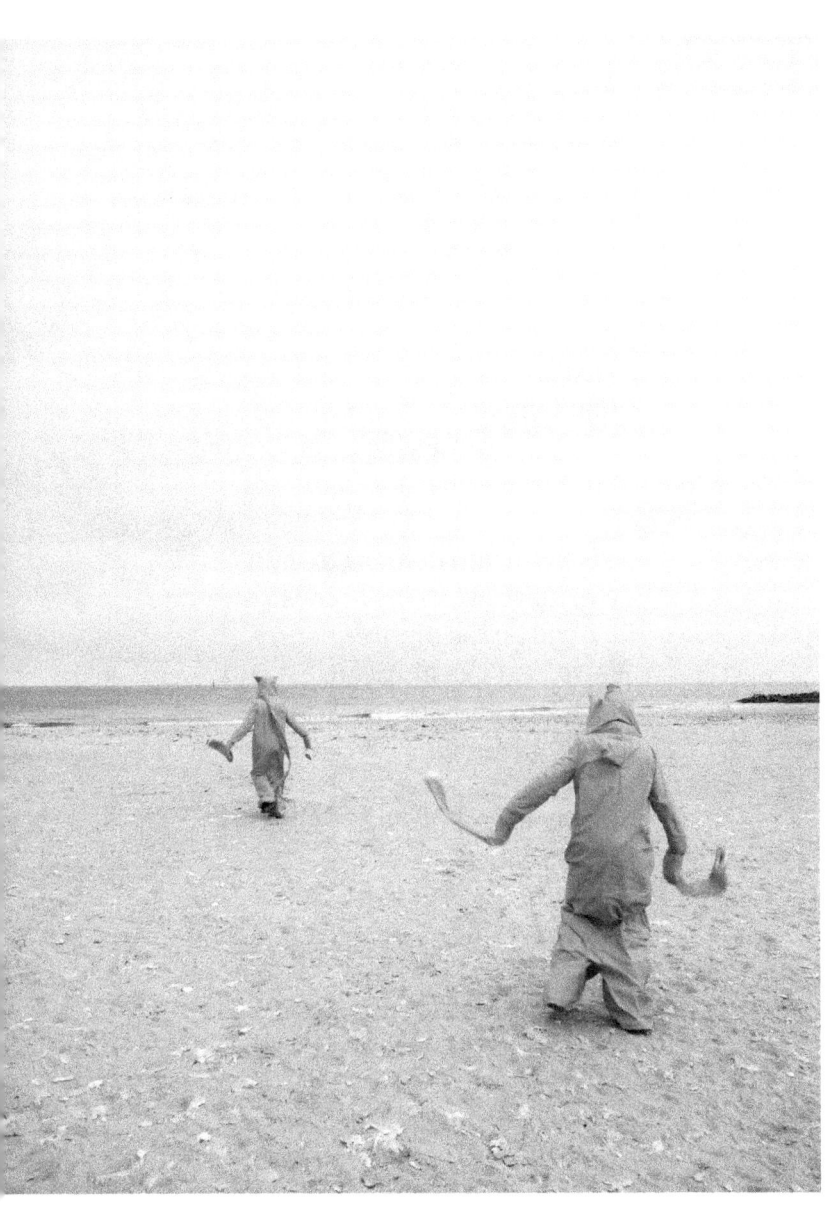

Un vieux dicton
dit que les mœurs d'un pays
s'apprennent sur l'oreiller
J'ai beau crier
Dans un moment d'ivresse
Ich liebe dich
Görlitz
Visiblement
Tu n'es pas une ville pour l'amour
À moins d'aimer les fantômes

Prise dans un déluge soudain
Je m'abrite sous tes arches
Je regarde tes ombres
Valser sur ces murs ancestraux
Porteurs d'histoires
et d'oppression

Görlitz tu es lourde
Insaisissable
Mystérieuse
Tu ressembles à une vieille
sorcière
Qui aurait gardé l'aspect jeune
Mais derrière cette façade
Derrière ta beauté

Se cache une fureur
et une profonde nostalgie
Que tu répands sur tes habitants

Görlitz l'ensorceleuse
Tu ne m'avaleras pas
Je partirai avant le sortilège
Mais le cœur lourd
et les idées vagues
Je n'attends plus rien de toi

Tes ombres
planeront-elles sur moi
Jusqu'à Montréal ?

Le visiteur pourra vivre une expérience psychique dans
le côté performatif des racines projets.
Le nord-ouest de la (Finlande) est en lien
direct avec mon projet. Les grands espaces me
permettront d'expérimenter les mises en
scènes (l'installation) des dômes.

Possibilité de traduire mes poèmes en _anglais_

PORTE   22.35   44,5
         20cm 20cm

2 parties

92,5
                75
              1m10
              60
           -25-35-
           50cm 40cm

J'ai soif de quitter cet endroit
De déviation d'étourdissement
De fumée
D'évaporation du langage
Commun et imparfait

Toute cette maladresse
De l'être de combat
Enflammé qui se perd

Vers d'autres horizons
Et de meilleures intoxications
Heureux nous irons
Comme des reptiles au soleil
De mes nuits paranoïaques
Pareil à des nuits de novembre
En silence blanc et gris
Qui s'arrachent des cœurs sombres
Aux cœurs seuls
Pleins de rêves et de tout

Des soûleries pour la faiblesse
De l'être
Et puis rien d'autre
Car il est tard
Dans ces têtes de bêtes

**DISPARITION
APPARITION**

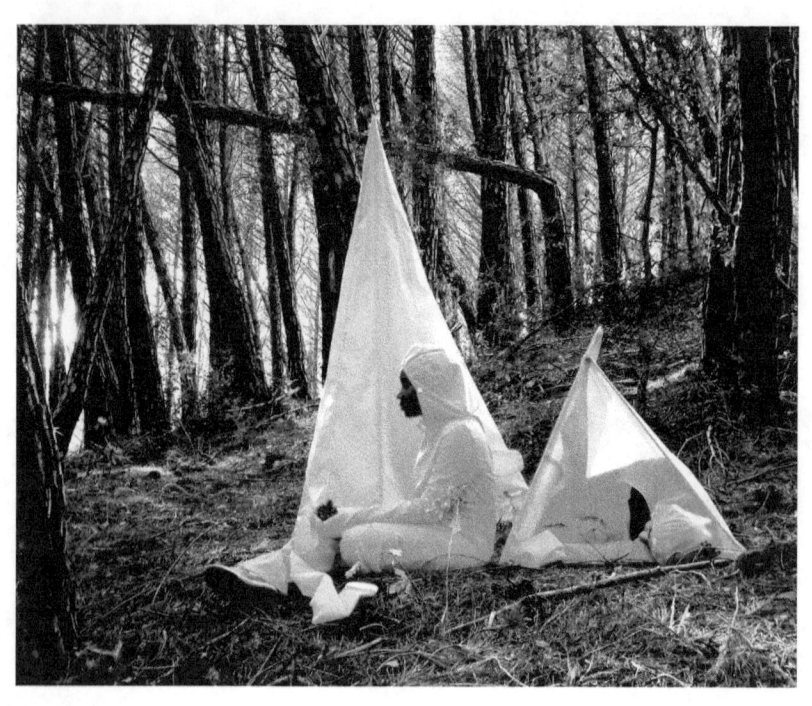

Tu caches cette longitude de ta vie
Derrière les rideaux
De ton ciel obscur
Pour conserver ton cœur
Dans le blanc liquide du temps
Tu prends cette lumière
Entre tes deux mains
Bleues comme l'inconstant
Nous resterons muets
Ton volcanique cerveau fond
Sous tes nuits d'ivresse
La pendule de ton cœur bat
Contre tes jeunes artères

Vision panoramique
Image périphérique
Paradoxal rêve de toi
Utopiques pulsions
Qui tournent autour de moi?

Au crépuscule de ma jeunesse
J'aperçois l'ombre
De mon amour envolé

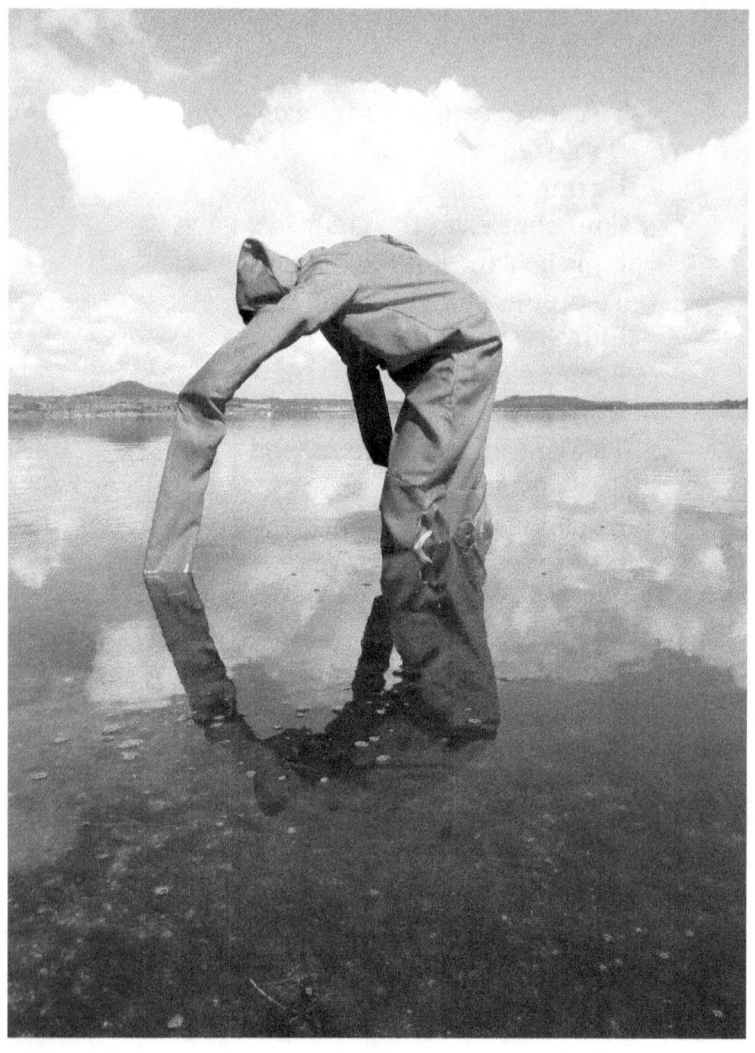

Je suis accaparée par ton absence
Ton non-dit ton abîme
Je te frôle incessamment
Te reconnais
parmi les courants d'air

Le mystère persiste
Quelque chose m'échappe
Ta folie me traverse

Tu me dépayses

Laisse-moi pour une fois
Dormir sans penser
À demain

Les mocassins des dômes-poêru 2016-2017
  *Style nordique

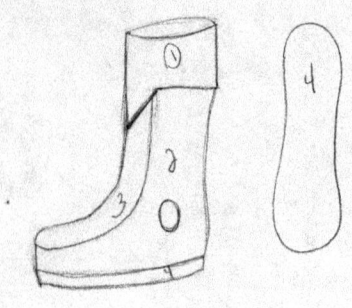

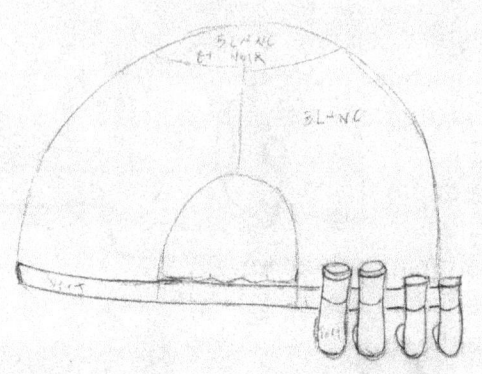

Dôme blanc
et le tapis/coussin vert
+ les mocassins verts

L'appel du lointain se fait attente
Tu restes là insipide emmurée
Tu restes là figée esseulée
À croire
Que tout gravite
Autour de toi
Tu restes là
Avec ta fin du monde annoncée
Chaque jour tu t'éloignes
Un peu plus près
du centre de la terre

Toi l'absente la disparue
la dissipée
Tu laisses planer le non-dit
l'indicible

À l'aube tes pingouins seront
morts

- 23,5 cm
- 15,3 cm
- 13,5 cm
- Côté x2
- 13 cm
- 6,7 cm
- 15,8
- 16,5 cm
- haut milieu
- 6 cm
- 16 cm
- 15,5
- 15,5
- 15,2
- x2

Tu sautes dans le vide autrement
Préférant l'inaccessible
À la stabilité
Tu poursuis une route hasardeuse
De mise en péril

Une quête infinie
À l'amour chimérique
L'amour feinte
À sens multiple

toile du haut ...

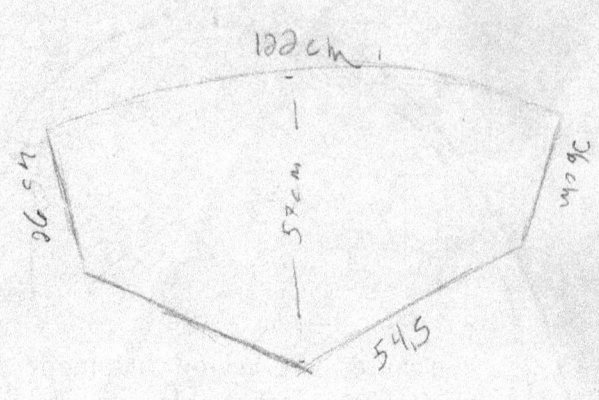

DRAPEAU - perçu

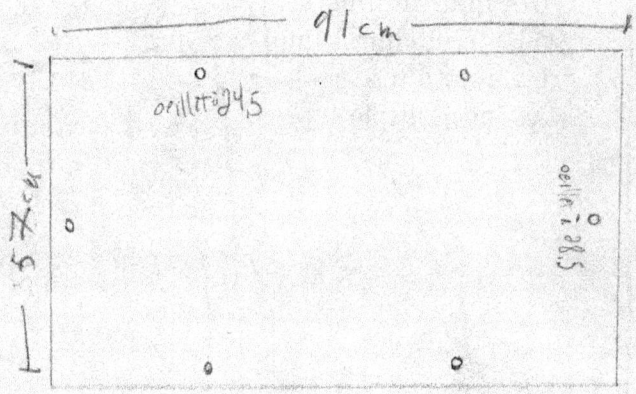

91|2
45,5

J'ai un vague souvenir
De t'avoir vu sous un angle
impromptu
Un vague souvenir
De nous deux en dérive

Je n'ai pas de carapaces
contre les illusions

J'ai un vague souvenir
De nous deux
De tes mains
De ton cou
D'une promesse illusoire
D'un piège tendu

Un vague souvenir
D'une mise en abime
Et d'un retour forcé
au même point d'ancrage

Je n'ai aucune carapace
contre les illusions

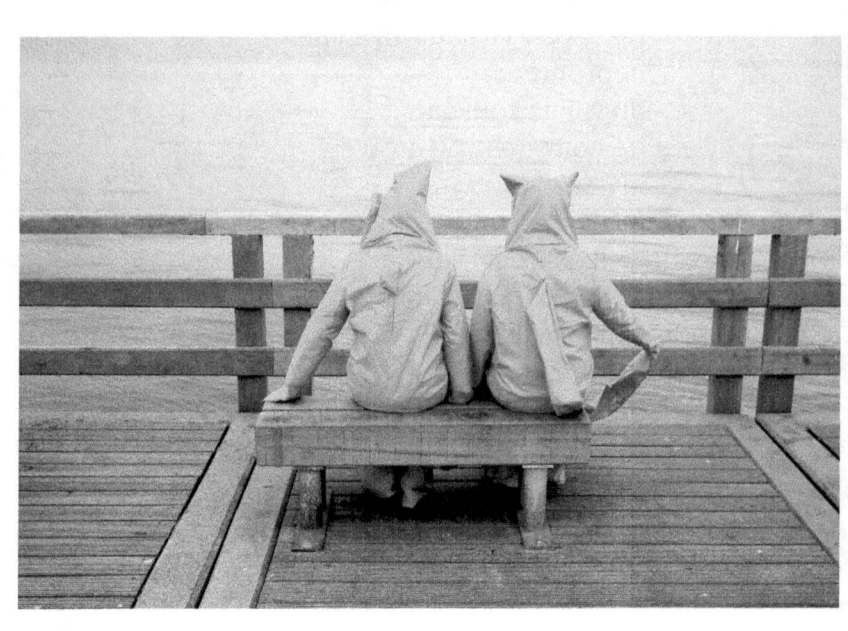

Il n'y a plus que moi ici
Et tes ombres
Et quelques poussières

Et l'idée que je me suis faite de toi
L'aveuglement

Il n'y a plus que moi ici
Et nos ombres oubliés
Qui se dissipent
Lentement

Il n'y a plus que moi ici
Et le vide bénéfique
De ton départ imminent

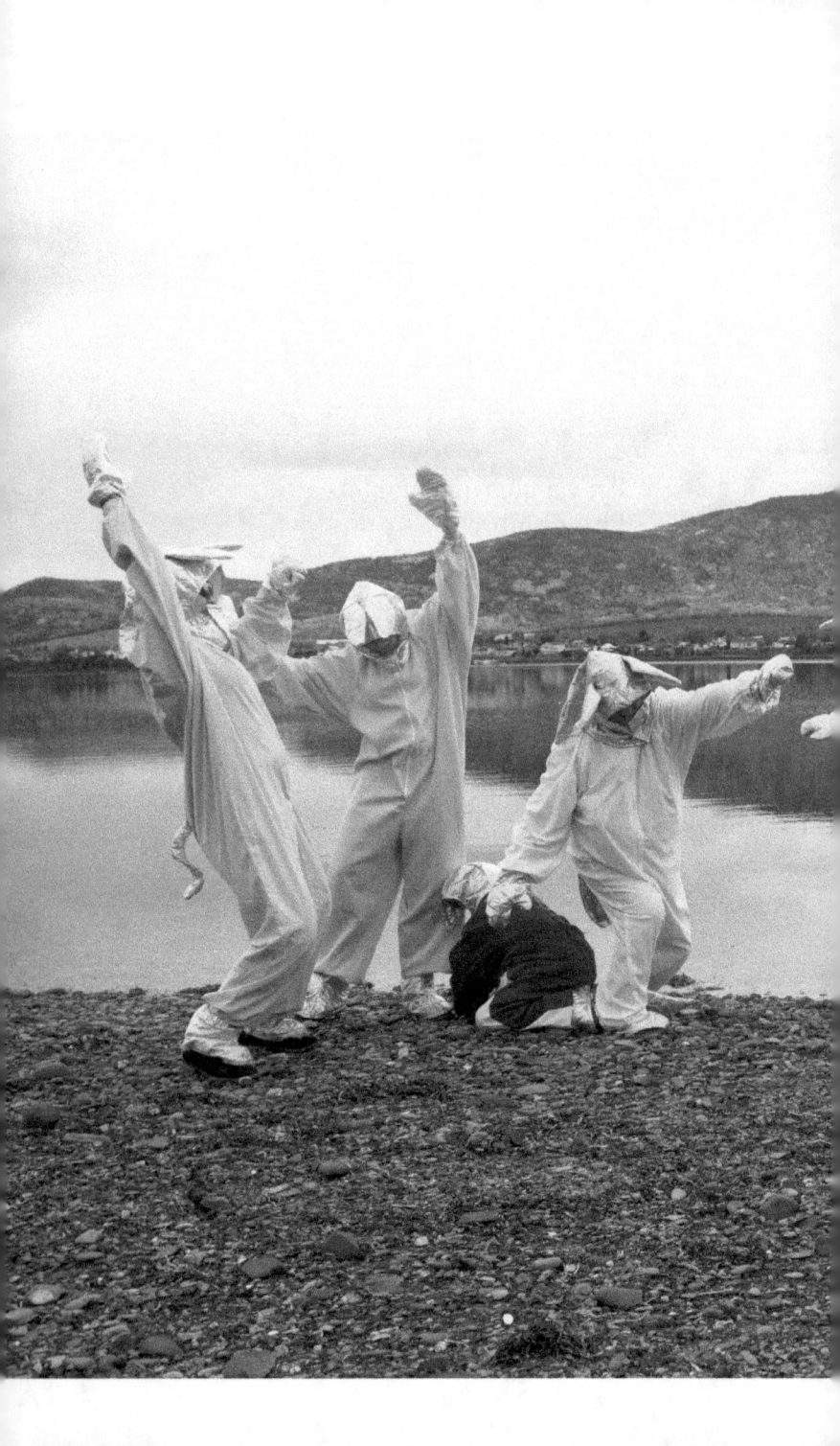

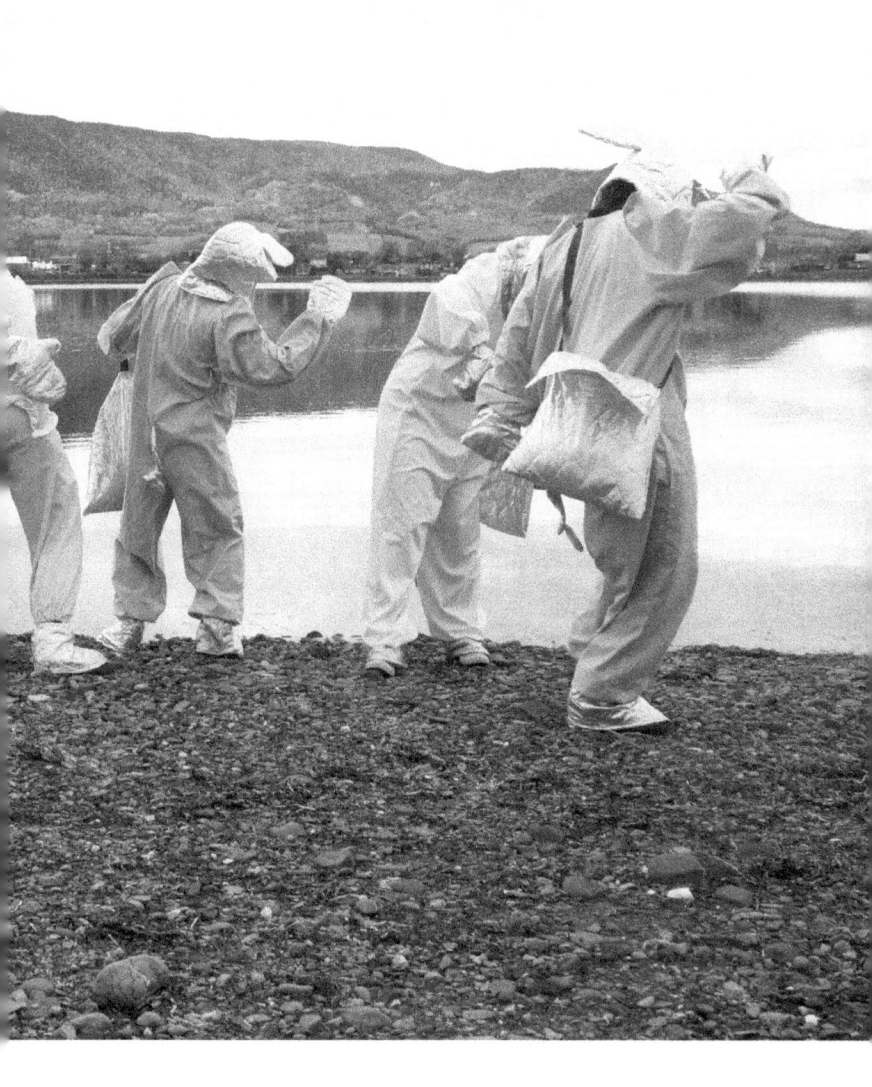

Tu m'arraches des soupirs
d'insomniaque
Me laissant suspendue
à tes crochets
Je reviens incessamment
au même point d'ancrage
À la même torpeur
De paumée
De mal aimée

Divisée
Face aux possibles
Je fige
Je te porte en moi
Comme une déchirure

Je tente de te tromper
Avec du mauvais vin
De fausses apparitions
Des chimères amoureuses

Je te tends des pièges
Feignant l'indifférence

Tu m'attends toujours à la porte
Comme un chien fidèle

Solitude
Tu es ma *morte amoureuse*
Froide et insoutenable
Dans ta robe de chambre usée

Mille fois je t'ai montrée la porte
Mille fois tu m'es revenue
T'infiltrant dans mes ivresses improvisés
Prenant la forme d'une douce mélancolie
D'une liberté masquée

Le soir
Je fais des prières d'infidèle
Pendue docilement à ton cou

**QUÊTES
DÉRIVES**

J'ai l'esprit tordu
Je marmonne à tort et à travers
mon chapeau
Des idées préconçues
Des clichés
De vieille fille hypocondriaque
Toujours à l'affût
D'histoires vaudevillesques
Des petites singularités
À boire
À chanter
À pleurer
À déployer
À exagérer
J'invente des contes de fées
finies
À dormir debout
Je vois le monde surhabillé
Informe et multiforme
Et je ris
What's wrong with me ?

Semelle Mocassin...

31 - côté extérieur
31.5 " intérieur

31cm

31.5cm

Je me sens étrangère
Dans ma propre demeure
Ma tête
Où se tiraillent
Bourreau et victime

La confrontation
Avec l'autre en moi
L'autre que moi

Dans la multitude
Les identités se succèdent
Et s'entrechoquent
Créant ondes de choc
et tremblements

Mes mains cherchent
Un rituel
Un repère
Dans le chaos du monde

J'ai le syndrome de l'imposteur

toile du haut

```
       144
    ┌───────┐
 55 /         \ 55 cm
   /_____\
         53
```
tissu double —

40 cm / 40 cm / 40 cm — 134
20 cm

(cercle) 144, 55, 55, 55, 55

Plancher

superficie = 48 cm

48 · 2 = 240 cm (?)

   76
+ 76
─────
  152 cm

152 / 76

Tu reviens incessamment
au même point d'ancrage

Tu te désarticules
Dans une déroute immobile

La chute d'un oiseau blessé

Tu tentes de percer le mystère
De la théorie de tes origines
Mélancoliques

D'où vient cette effervescence
Qui t'agite
Qui t'habite
Qui t'interdit l'envol

Le corps devient cachot
Architecture de l'oubli

Tu reviens incessamment
au même point d'ancrage

D'où tu peux apercevoir
Un panorama
De variations possibles
de dérives imaginaires

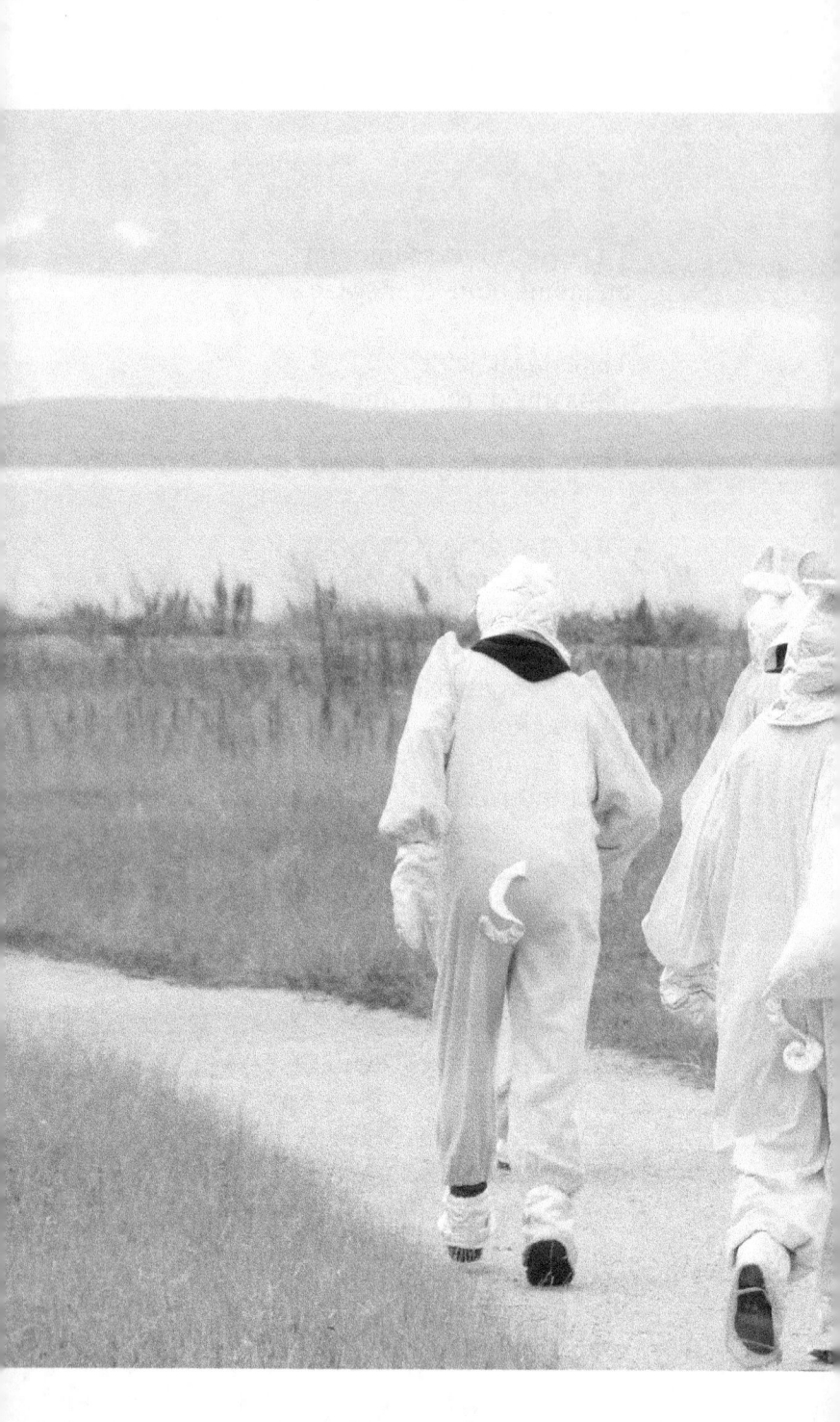

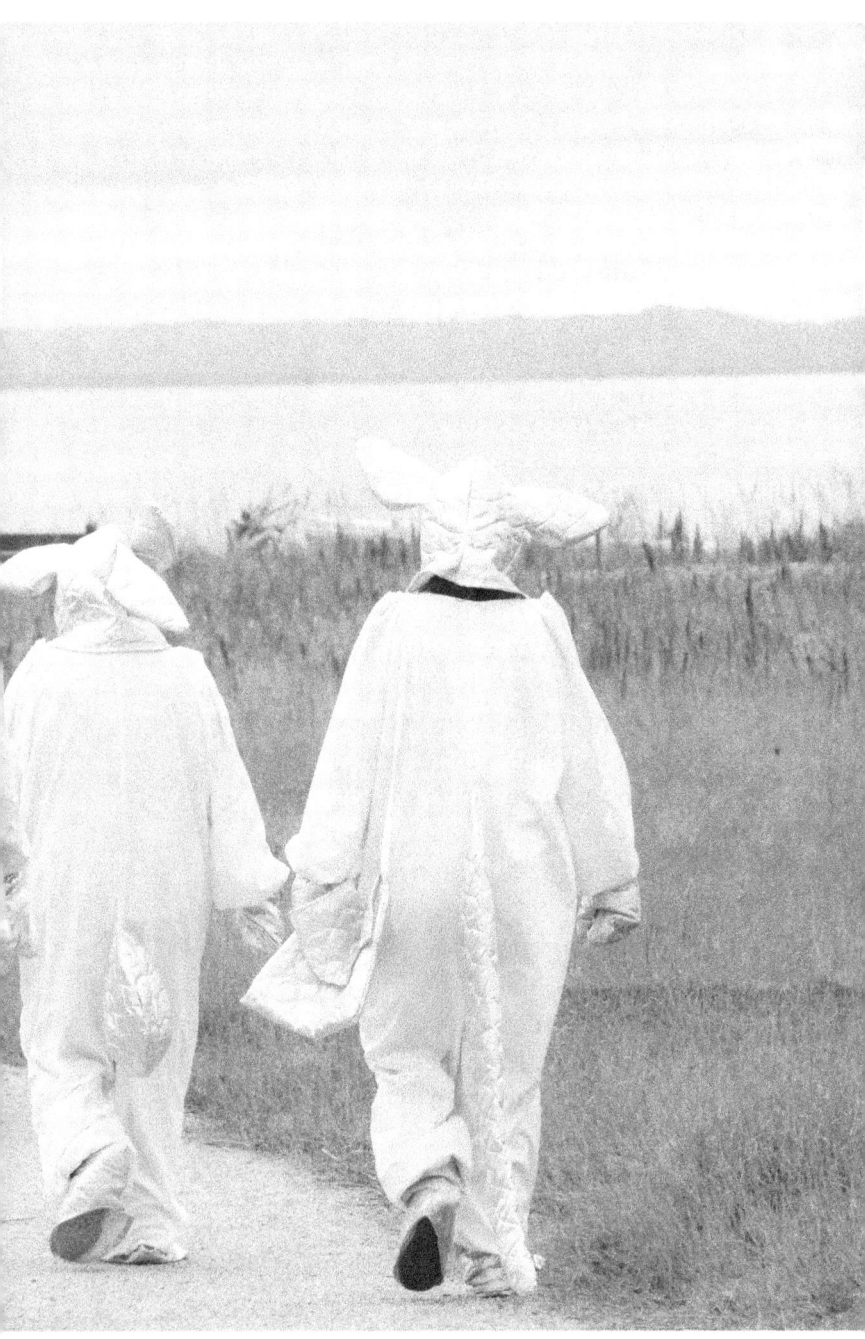

Je vois le monde d'un drôle d'angle
Aujourd'hui
Il semble lent et insouciant
À la verticale
Je peux le contempler
Et le réinventer

Mémoires et singularités
Il est multiple
Circulaire et blanc
Singulier multiple
Répétitif et lent

Le monde tel que je le perçois
Est multiple circulaire
Singulier répétitif et lent

Je vois la vie d'un drôle d'angle
Ce soir
À la diagonale

À l'antre des possibles
Des amours confondus
Des ivresses improvisées

Je la refaçonne cette vie

Circulaire singulière
Répétitive et lente

Je vois le monde
D'un drôle d'angle
Cette nuit à l'horizontal
Il semble vague et vaste
Indéfini répétitif et lent

PLAN de travail — 2016-2017 —
Dômes-poésie

① MAQUETTE → trouver matériau + faire tests.

② STRUCTURE
- Trouver matériaux
- Faire tests
- Déterminer les mesures.

③ toile
- Trouver tissus
- Faire test · déterminer les mesures.
- agencer
- Couper · Agencer · Coudre

④ Poésie
- Chercher + trouver les extraits de poèmes.
- Trouver la surface (matériau) sur laquelle les imprimer + la technique.   ⭐ Art of where (belgo. impression textile · prendre info

⑤ MOCASSINS
- Déterminer mesures
- Trouver matériaux (+ patron?)
- test
- Couper · Agencer · Coudre.

⑥ RECUEIL — maquette. montage.   + trouver endroits où ex...

Le visiteur, dans son rituel de recueillement, devra enlever ses chaussures, enfiler les mocassins, entrer dans le dôme à quatre pattes, s'étendre sur le dos les pieds munis des mocassins sortiront du dôme et deviendront une (cette partie) partie de l'installation

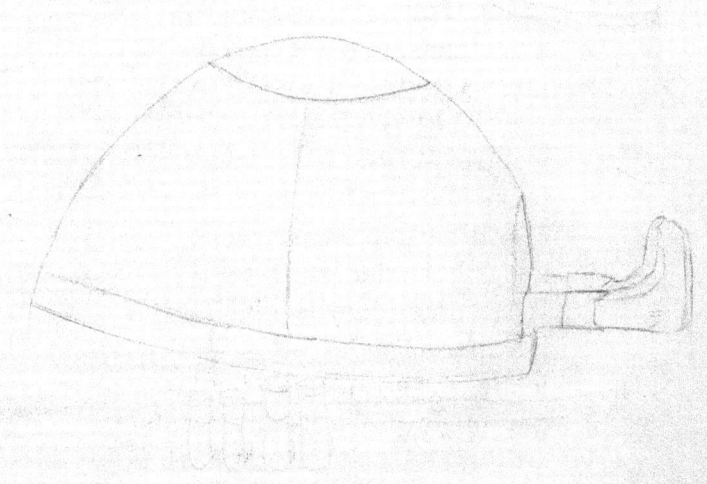

16100
montagne
paysage

RECUEILLEMENT

Loin d'ici
Loin de moi
De mes repères
De nordique assoiffée
J'ai des synchronismes inquiétants

Fugitive de l'esprit

Je vais de dérive en dérive
Traversée par un déchirement
La confrontation
avec l'autre en moi
L'autre que moi
Je me dépayse
Mes itinérances traversent
des sphères insaisissables
Des brumes denses
J'avance à l'aveuglette
Je me laisse guider
par une force extérieure

Je suis le pays inexploré
Dans lequel je m'agite

Je ne suis pas ici maintenant
Mais autre part
En des non-lieux indistincts

Je suis une dériveuse
En pleine ascension
Toujours à la course
Folle
Furieuse
Indocile
Vagabonde

J'invente le pays inexploré
Dans lequel je flâne en solitaire
Je me dépayse
En attendant
L'apparition

Côtés. X6

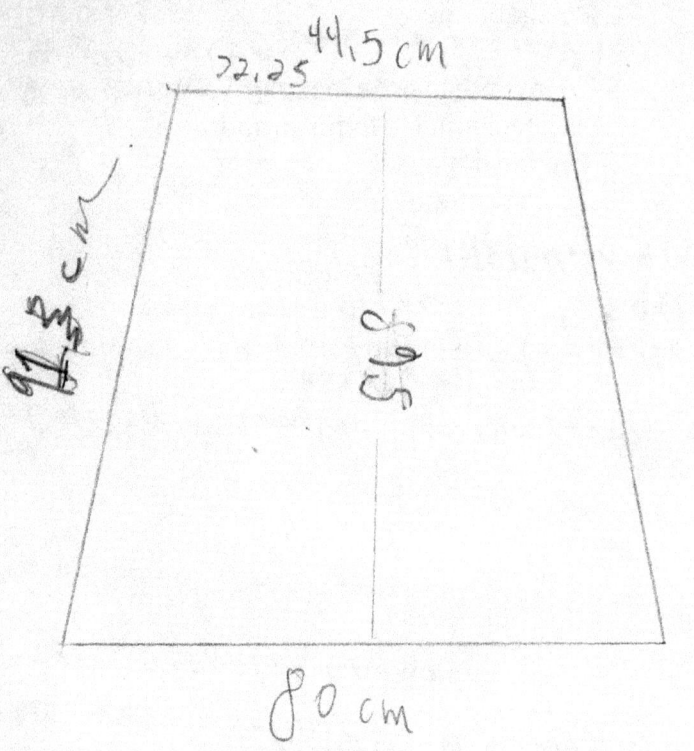

22,25 44,5 cm

91,3 cm

80 cm

Ici je ne fige pas devant l'ampleur
du monde
J'ai envie de m'y fondre
De devenir un tout
Une ligne d'horizon
D'oublier
D'effleurer les pôles

Je me ferai satellite
Captrice d'ondes de choc
D'idées
De rêves indociles

J'étudierai la géographie
d'un songe
La naissance d'une corrélation
Entre deux rives
Éloignées par la force des axes

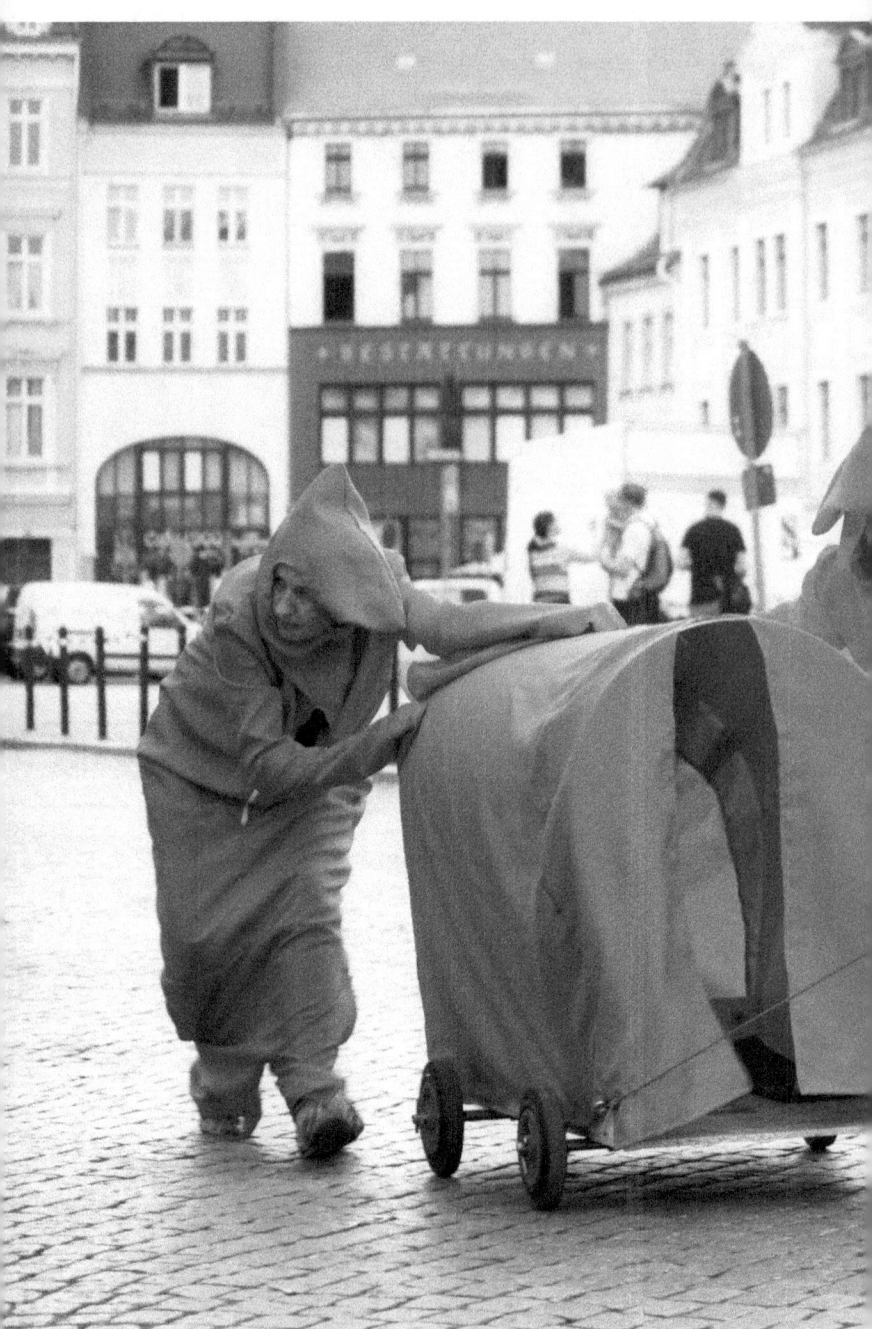

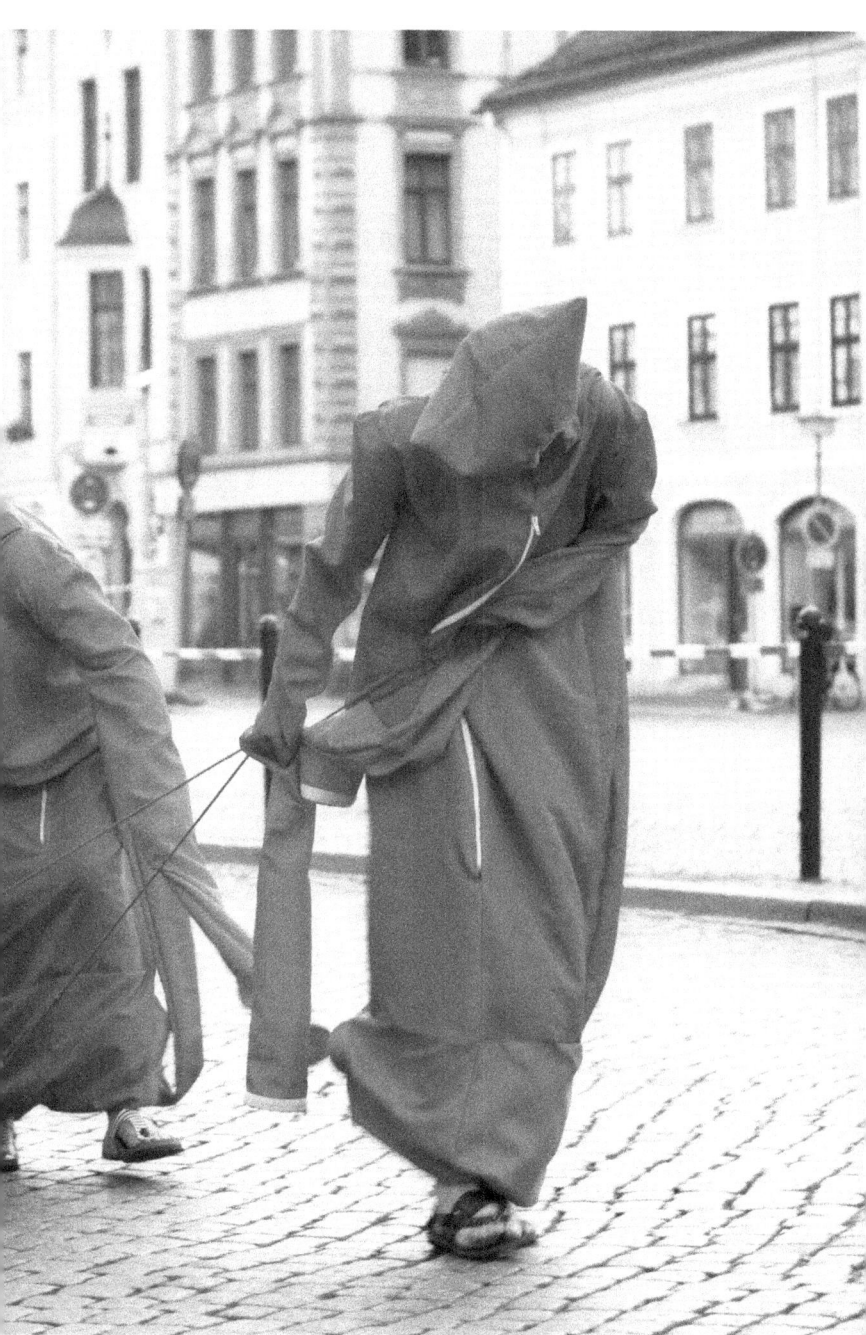

Je vis dans un monde inachevé
En constante transformation
et mouvement
Je ne fige plus devant son ampleur
et ses possibles
Je provoque le changement
Je vais d'exil en exil
Traversée par un subtil
désir de fuite
Des désirs d'abandon
D'escapades de camouflage
De passer inaperçue
De dériver dans une ville labyrinthe
inconnue
D'être étrangère
De penser ailleurs
Autrement
Sans port d'attaches

Je m'invente des fragments
d'identités
Et les transplante sur d'autres sols
Je monte mon campement

Par ces échappées
Je cherche à engloutir
Cette notion déconstruite
du temps
Et la peur du vide
Qui m'habitent
J'ai le syndrome du wagon
blues

" nous avons le plaisir de vous

Structure
2 portiques

total.
3m 65
90cm

① Haut
1m 10,5
1m10cm

② Bas → 80cm

Côté ×5

Haut

139,5 × 2 = 279.   139,5 ÷ 2 = 69,75.

...cer que votre projet a été retenu."

92,5
+150
m

tissu :
— 6 parties cousues
ensemble pour
? le bas
+ 6 parties pour le haut

ou
une seul partie
pour le haut
ovale ou ronde

3 Arceaux

4,5
10 cm

20 cm

* déterminer les mesures.

Au sujet de l'artiste

Christine Comeau est artiste multidisciplinaire et poète. Elle inscrit sa pratique dans l'art contextuel, l'installation performée, la sculpture vêtement et la poésie vivante. Les résidences de création font partie intégrante de sa démarche artistique. En effet, ses propos de recherches sont de l'ordre de la mobilité, de la contrainte et des frontières physiques et mentales engendrées par les déplacements (voyages, résidences de création, dérives, exils). Son travail a fait l'objet d'expositions individuelles et collectives au Canada, aux Etats-Unis, en Allemagne, en Suède et au Brésil. Christine Comeau a également pris part à plusieurs résidences de création dont celles ayant eu lieu au centre d'artistes Vaste et vague, à Carleton sur mer, en 2014 et celle de WildWuchs e.V., à Görlitz, en Allemagne, en 2013. Christine Comeau détient une maîtrise interdisciplinaire en art à l'Université Laval. Elle vit, dérive et travaille à Montréal.

Crédits photos et dessins:

Image 1 : Récits vagabonds, Allemagne, 2012, photos : Sascha Röhricht
Image 2 : Esquisse pour Inventer le pays, 2016, photos : Christine Comeau
Image 3 : Halte Nomade, Rimouski, Québec, 2010, photos : Martin Côté
Image 4 : 3000 ans d'errance, St-Jean-Port-Joli, 2011, Québec,
    photos : Amélie D. Boisvert
Image 5 : Récits vagabonds, Allemagne, 2012, photos : Sascha Röhricht
Image 6 : Halte nomade, Portugal, 2011, photos : Christine Comeau
Image 7 : Vagabond Stories, Allemagne, 2013, photos : Sascha Röhricht
Image 8 : Esquisse pour Inventer le pays, 2016, photos : Christine Comeau
Image 9 : Esquisse pour Inventer le pays, 2016, photos : Christine Comeau
Image 10 : Esquisse pour Inventer le pays, 2016, photos : Christine Comeau
Image 11 : Esquisse pour Inventer le pays, 2016, photos : Christine Comeau
Image 12 : Récits vagabonds, Allemagne, 2012, photos : Sascha Röhricht
Image 13 : Mutations, Carleton-sur-Mer, Québec, 2014,
    photos : Robert Dubé
Image 14 : Esquisse pour Inventer le pays, 2016, photos : Christine Comeau
Image 15 : Esquisse pour Inventer le pays, 2016, photos : Christine Comeau
Image 16 : Mutations, Carleton-sur-Mer, Québec, 2014,
    photos : Robert Dubé
Image 17 : Notes pour Inventer le pays, 2016, photos : Christine Comeau
Image 18 : Esquisse pour Inventer le pays, 2016, photos : Christine Comeau
Image 19 : Esquisse pour Inventer le pays, 2016, photos : Christine Comeau
Image 20 : Vagabond Stories, Allemagne, 2013, photos : Sascha Röhricht
Image 21 : Esquisse pour Inventer le pays, 2016, photos : Christine Comeau
Image 22 : Esquisse pour Inventer le pays, 2016, photos : Christine Comeau
Image 23 : Esquisse pour Inventer le pays, 2016, photos : Christine Comeau

www.ingramcontent.com/pod-product-compliance
Lightning Source LLC
Chambersburg PA
CBHW070409230526
45471CB00006B/2719